지도와 그림으로 보는
중국 지리 문화 백과사전

글·그림 **양양투** | 옮김 **전수정** | 감수 **김형종**

남중국해

차례

아시아의 동부, 태평양의 서안에 있는 중국은 세계 4대 문명 가운데 하나인 황허 문명을 일으킨 나라이다. 5000년이 넘는 유구한 역사를 자랑하며, 광활한 국토에서 다양한 문화를 형성하며 다민족이 살고 있다. 세계 지도에서 중국 영토를 보면, 그 모양이 마치 동쪽에 서 있는 수탉처럼 보인다. 중국은 러시아와 캐나다, 미국에 이어 4번째로 넓다. 중국의 동북 지역에 흰 눈이 쌓여 있을 때 남쪽의 섬에는 뜨거운 태양이 한창 내리쬐고 있으니, 중국이 얼마나 큰 나라인지 알 수 있다. 중국은 영토가 매우 넓기 때문에 영토를 크게 34개 성급 행정 지역(23개의 성, 5개의 자치구, 4개의 직할시, 2개의 특별 행정구)으로 나누어 관리하고 있다. 《지도와 그림으로 보는 중국 지리 문화 백과사전》을 펴고, 아름다운 자연과 역사 유적지가 가득한 중국으로 여행을 떠나 보자.

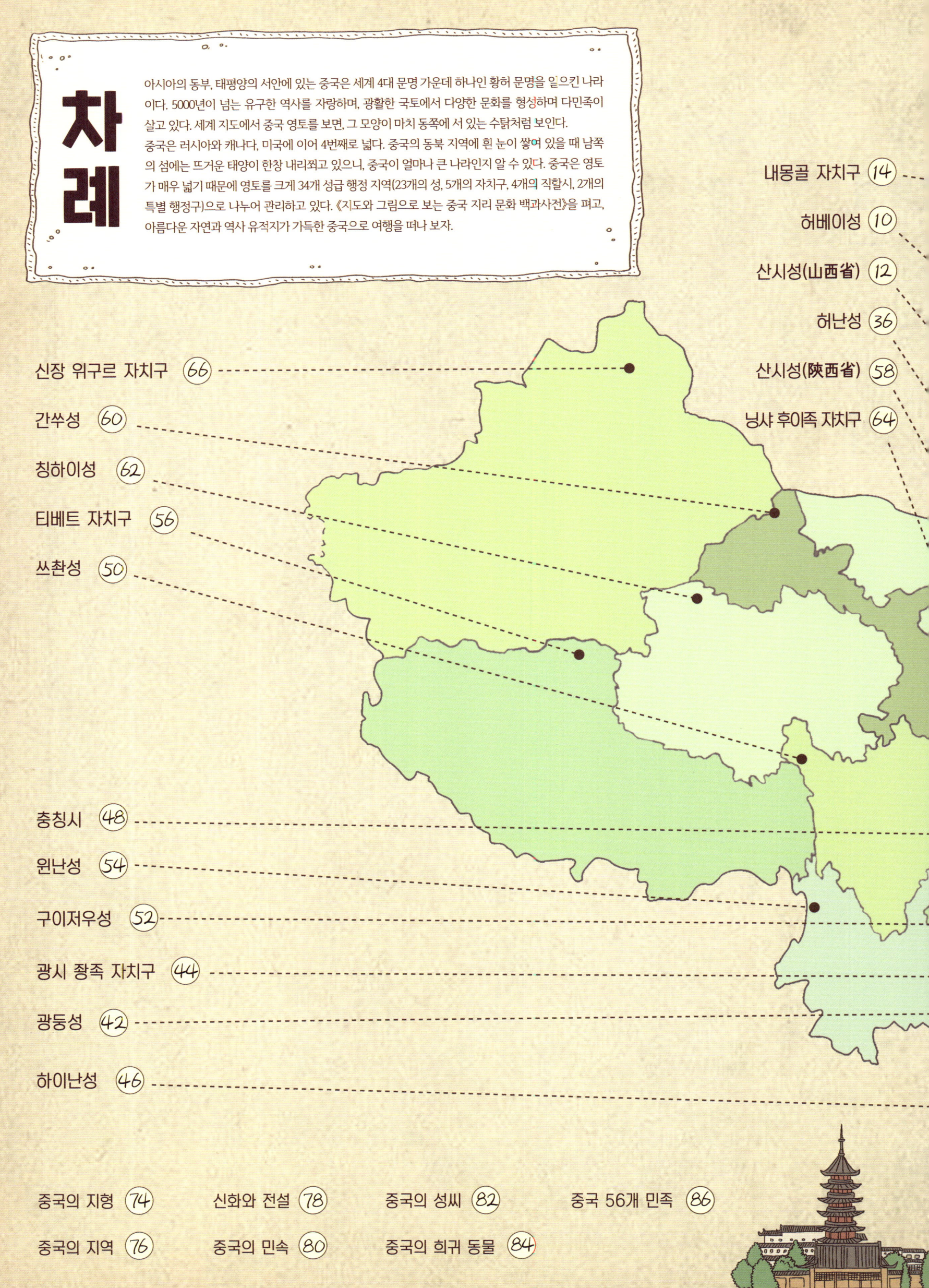

- 내몽골 자치구 ⑭
- 허베이성 ⑩
- 산시성(山西省) ⑫
- 허난성 ㊱
- 산시성(陝西省) ㊺
- 닝샤 후이족 자치구 ㊿

- 신장 위구르 자치구 ㊻
- 간쑤성 ⑳
- 칭하이성 ㉒
- 티베트 자치구 ㊱
- 쓰촨성 ㊿

- 충칭시 ㊽
- 윈난성 ㊾
- 구이저우성 ㊾
- 광시 좡족 자치구 ㊹
- 광둥성 ㊷
- 하이난성 ㊻

- 중국의 지형 ㊆
- 중국의 지역 ㊆
- 신화와 전설 ㊆
- 중국의 민속 ㊆
- 중국의 성씨 ㊆
- 중국의 희귀 동물 ㊆
- 중국 56개 민족 ㊆

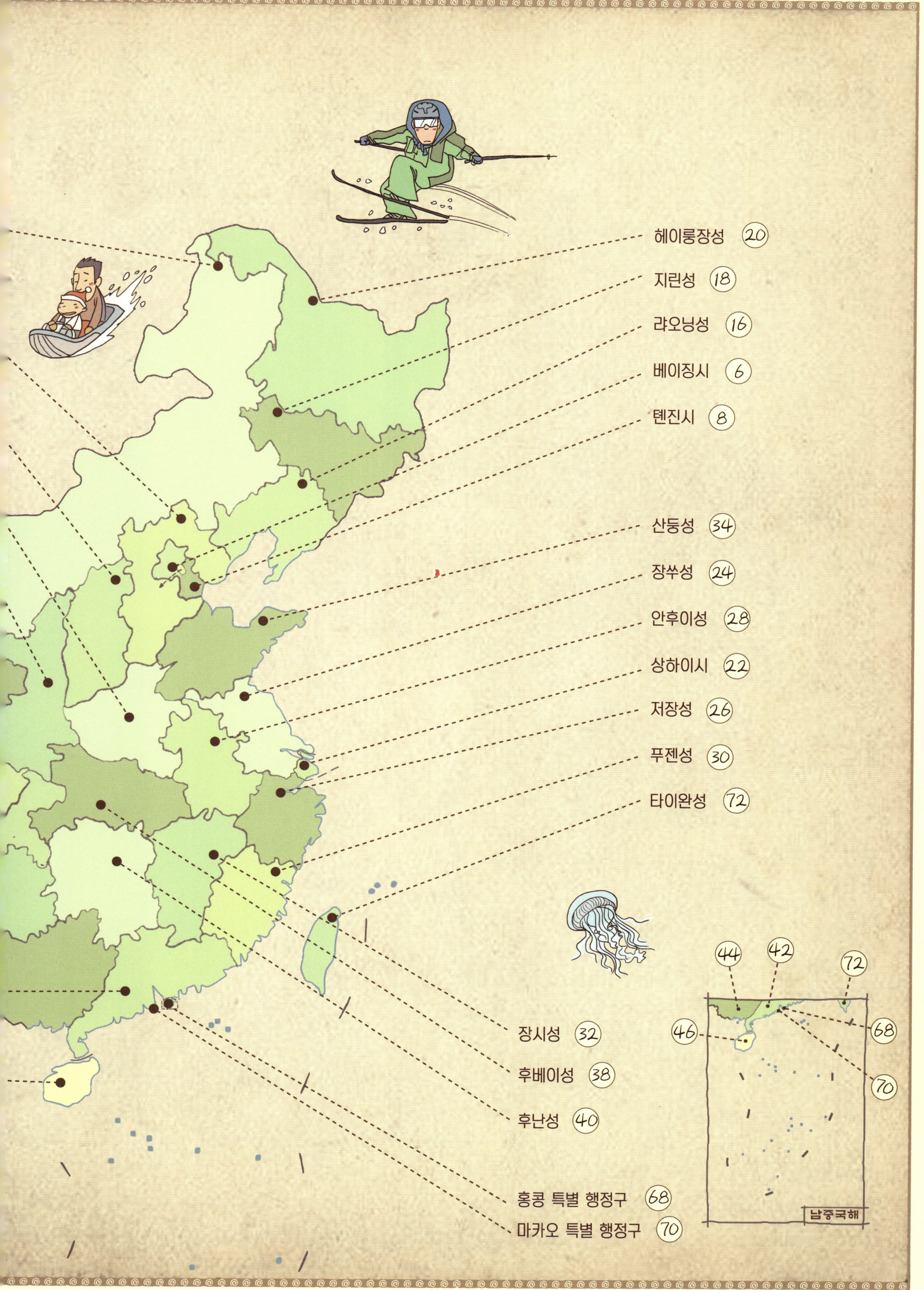

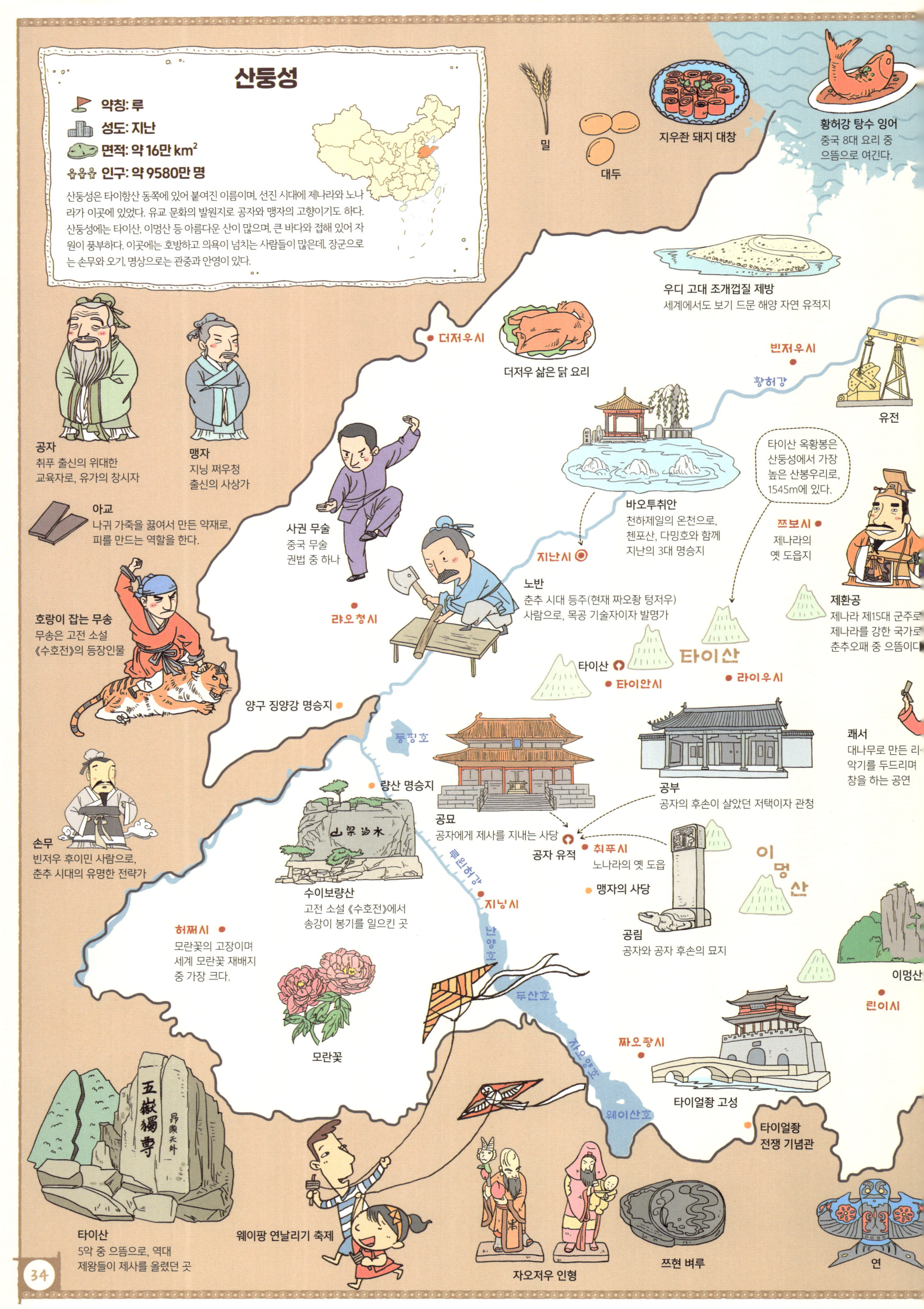

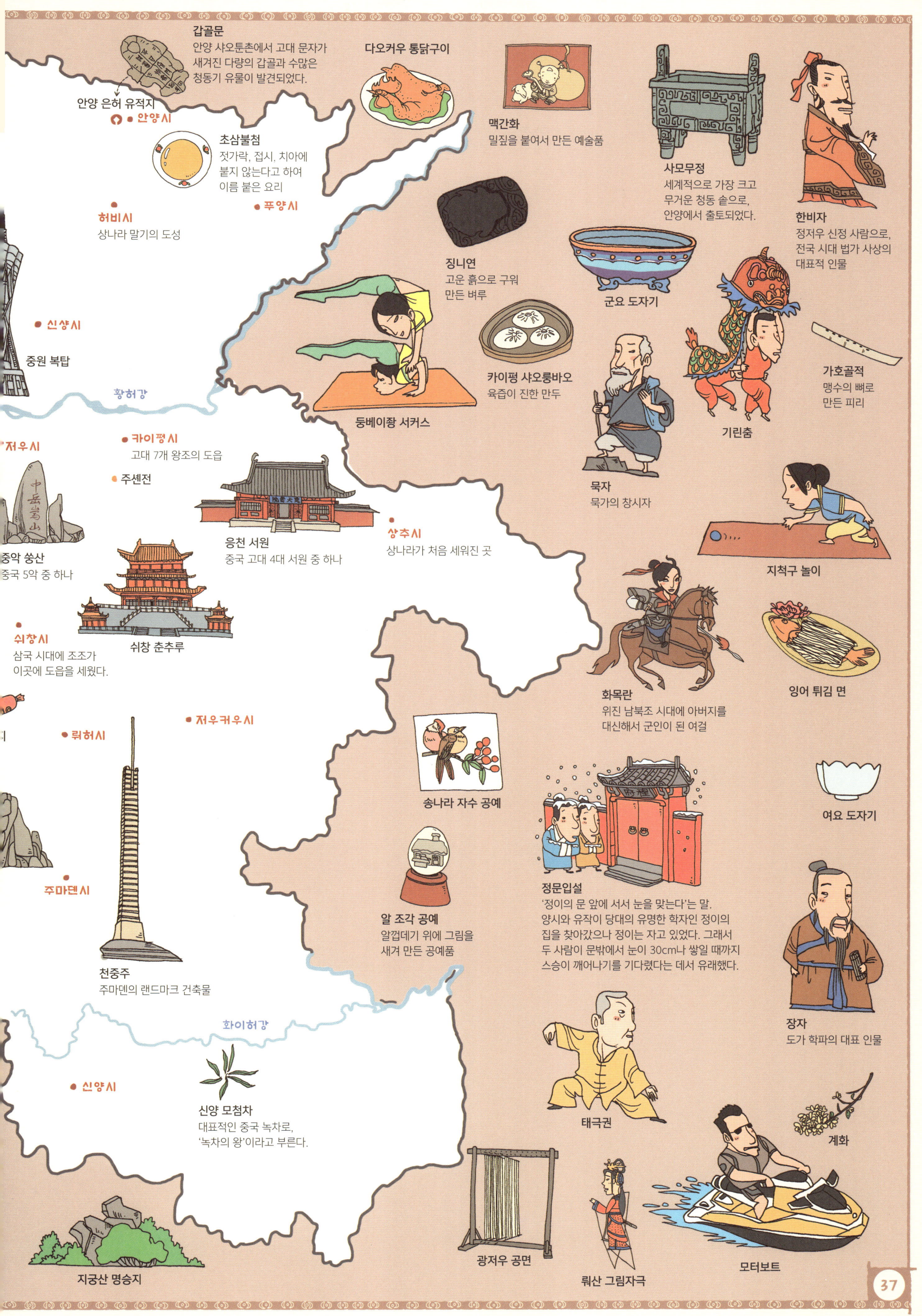

홍콩 특별 행정구

- 약칭: 강
- 면적: 약 1104 km²
- 인구: 약 719만 명

중국 남쪽 바다에 인접한 항구 도시인 홍콩 특별 행정구는 '동방의 진주'라고 불린다. 홍콩은 미식의 도시이자 쇼핑의 천국이며, 세계에서 가장 발달한 도시 가운데 하나이다.

대자형 훈장
홍콩 최고의 표창으로, 지역에 큰 공헌을 한 사람에게 수여

금영용 훈장
정의를 위해 용감하게 나선 사람에게 수여

금자형 성장
공익 봉사에 적극적으로 참여한 자원 봉사자에게 수여

대부제
문관 관원들이 개인 주택으로 쓰던 곳

홍콩 전

길경위
500여 년의 역사를 가진 오래된 집단 거주지

산오마이

어단
잘게 다진 생선 살로 만든 완자로, 어묵과 유사하다.

황금
홍콩의 금 거래소는 세계에서 3번째로 크다.

비펑탕 게볶음
맛있고 유명한 홍콩 10대 요리 중 하나

과일 디저트
단맛이 나는 홍콩식 디저트

팝 스타
홍콩에는 우리 귀에 익숙한 가요를 많이 창작한 유명 가수가 많다.

원현 학원
홍콩에서 유일하게 유교, 불교, 도교 의식이 모두 행해지는 사원

육합채
홍콩에서 유일하게 합법적인 복권

빅토리아 공원
홍콩 최대의 공원

자형화
홍콩 특별 행정구의 상징으로, '번영, 장관, 전진'을 의미한다.

이소룡
세계적으로 유명한 무술가로, 절권도를 만들었으며 쿵후 영화 배우이다. 할리우드 최초의 중국인 배우이기도 하다.

화물선

칭마 대교

란타우섬

산위다

크리스털 새우 만두
새우 살이 보일 정도로 만두피가 투명한 만두

보련사 천단대불
최대의 옥외 청동좌불로, 높이는 약 34m, 무게는 약 250t이다.

디즈니랜드

센트럴 대관람차
60m 정도 높이로, 약 20층 건물 높이

의사당 건물

홍콩식 모닝 티
홍콩 사람들은 아침 식사를 할 때 차를 마신다.

메이워
다위산 동남부 지역

망고 자몽 야자 빙수
전형적인 홍콩식 디저트로, 자몽과 망고를 넣어 만든다.

소코 군도

서프보드

영화 촬영
홍콩은 영화 산업이 매우 발달하여 '동방의 할리우드'라 불린다.

신년 카퍼레이드
매년 설이 되면 화려한 카퍼레이드가 펼쳐진다.

차과
찹쌀, 찻잎, 깨를 넣어 만든 간식으로, 찹쌀떡처럼 생겼다.

프렌치토스트

홍콩 영화 속 전형적인 캐릭터

홍콩 대학교

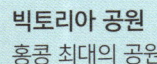

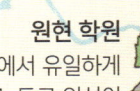

피크 트램
100여 년의 역사를 가진 홍콩의 교통수단

홍콩 지질 공원

무협 소설
홍콩에는 유명한 무협 소설이 많으며, 세계적으로도 큰 영향을 끼쳤다.

무협 만화
홍콩에는 유명한 무협 만화가 많다.

우룽하강

치먼 해협

쐉피나이
우유 푸딩

하이샤만

스타 페리

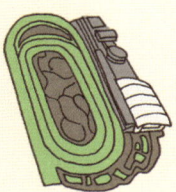

샤틴 경마장

마안산

좌측 통행하는 자동차
홍콩에서는 차량들이 좌측으로 통행한다.

홍콩 반환 기념비

계단 거리

템플 스트리트
유명한 야시장

스타의 거리
핸드 프린팅과 조각상

황대선사

빅토리아항 불꽃놀이

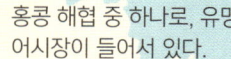
리어문
홍콩 해협 중 하나로, 유명 어시장이 들어서 있다.

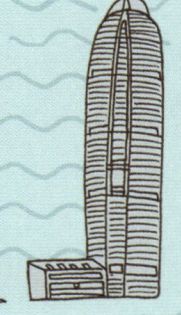

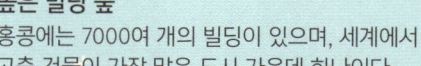
높은 빌딩 숲
홍콩에는 7000여 개의 빌딩이 있으며, 세계에서 고층 건물이 가장 많은 도시 가운데 하나이다.

HongKong
'홍콩'의 영문 표기

지우룽반도

빅토리아항

홍콩

빅토리아항 양쪽의 빌딩

능소각
빅토리아항 양쪽의 풍경을 내려다볼 수 있다.

홍콩섬

머레이 하우스
1842년 홍콩이 영국의 식민지가 되었을 때 영국군의 군영으로 사용되었으며, 1997년 7월 1일 중국에 반환되었다.

마담 투소 밀랍 인형 박물관
프랑스의 투소 부인이 만든 밀랍 인형 박물관으로, 수많은 사람을 본뜬 밀랍 인형이 있다.

플라잉 타이거즈
특수 경찰 부대

남중국해

해양 공원

푸타이 군도

파인애플빵

팅짜이주
땅콩, 새우, 생선 살 등으로 만든 죽

홍콩 특별 행정구의 구기와 심벌마크

완짜이츠
홍콩 거리에서 흔히 볼 수 있는 음식으로, 상어지느러미 요리와 비슷하다.

쇼핑

홍콩의 유명한 상가

서핑

마카오 마라톤 대회

해산물 바비큐
바다의 연체동물로 2개의 껍데기가 있는데 하나는 크고 하나는 작다.

대구

모려 조개

고기잡이를 위해 출항하는 어선

마카오 인력거
마카오 관광객들을 태우는 교통수단

종어산
하센병 환자들을 위해 만들어진 작은 성당

스페인 저수지

골프장

골프 라운딩

성모 조각상

해변

웅화문
중국과 포르투갈의 우정을 상징하는 건축물

관광객

자이새

연화대교

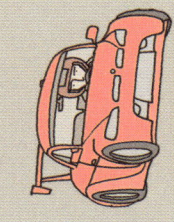
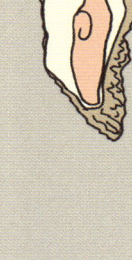
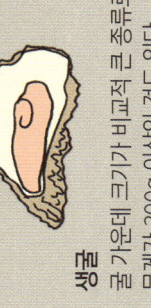
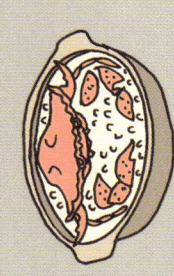
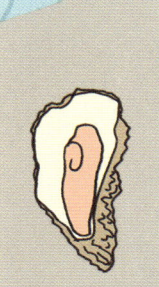
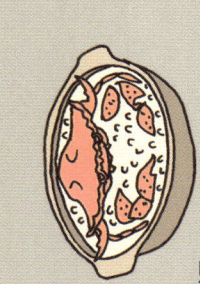

무탕 푸딩
크림과 비스킷을 주재료로 하여 만든 차가운 디저트

센라리오
신선한 과일에 각종 과일을 넣어 만든 디저트

마카오 대학교
마카오 특별 행정구가 관리한다.

포르투갈식 에그타르트
버터, 달걀, 밀가루 등으로 만든 마카오의 유명 간식

그랑프리 자동차 경주

생굴
굴 가운데 크기가 비교적 큰 종류로, 무게가 200g 이상인 것도 있다.

계죽
마카오 특산 꽃게를 끓여 만든 죽

마제슈
대구로 만든 포르투갈 요리

포도주

버블티

무당 상점
음식점, 공연, 카페, 서점이 한곳에 모여 있는 타이베이 종합 상점

타이완식 돼지고기 덮밥

이바오
타이완식 햄버거

펑리수
파인애플잼 과자

누가 사탕

고산족은 타이완 원주민으로, 오스트로네시아 어족에 속한 언어를 사용한다.

타이야족(고산족)

지남궁
타이완성의 도교 성지 중 하나로, 도교의 조사인 여동빈에게 제사를 올리는 곳

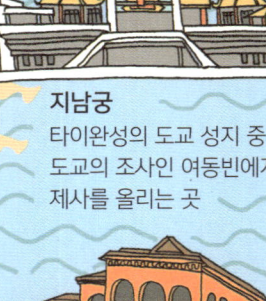

시먼딩 거리
타이베이 서문에 있는 주요 소비 상권

스린 야시장
타이베이 야시장, 각양각색의 맛 음식이 있다.

사이샤트족(고산족)

어북

타오위안시

도롱뇽
3억 년을 살아온 양서류 동물로, 희귀한 활화석 중 하나

홍마오성
타이완에서 가장 오래된 건축물 중 하나로, 1628년에 스페인 사람이 지었다.

타이완 호랑나비

동방미인차
타이완 특산차

정성공
타이완을 되찾은 민족 영웅

타이완 해협

타이베이 고궁 박물관
중국 3대 박물관 중 하나로, 타이완 최대 규모의 박물관

중국 3대 박물관
• 타이베이 고궁 박물관
• 베이징 자금성 박물관
• 난징 박물관

타이완 긴갈기산양
타이완 특산 동물

부눙족(고산족)

타이중시

루강 마을

일월담
타이완에서 제일 큰 천연 호수

타이완 흑곰

굴전
굴, 달걀 등을 섞어 부친다.

타이난 연평군왕 사당
정성공을 기리는 사당

구족 문화촌
타이완 9대 원주민들의 집단 문화 구역

아리산 삼림 철도

사우족(고산족)

펑후호 군도

둥팅 우롱차
타이완의 특산 차

타이난시

펑후호 대교
펑후호 군도 중 백사도와 서사도를 연결한 다리

쥐전인 유적
3만 년 전의 고대 인류 화석

비남 문화 유적
선사 시대 유적지

관차이판
관처럼 생겨서 이름 붙여진 음식

타이난 적감루

아란비 공원

스무위 어죽

칠미인총

가오슝시

쥐잉 용호탑
타이완에서 가장 큰 항구에 있는 탑

남중국해

호접란

백상아리

해파리

범선석
항구로 들어오는 배와 모습이 비슷해 붙여진 이름

빈랑나무
열매 따기

중국의 지형

알타이산맥

■ 준가얼 분지

톈산산맥

■ 타림 분지
중국에서 면적이 가장 넓은 분지

타클라마칸 사막
세계 최대의 유동 사막(바람에 의해 모래가 이동해 모양이 변하는 사막)

쿤룬산맥

치롄산맥

■ 차이다무 분지
중국에서 가장 높은 곳에 있는 분지

칭하이호
중국 최대의 소금 호수

▲ 티베트고원
평균 높이가 4000m 이상인, 세계에서 가장 높은 고원. 설산과 빙하가 있어 '얼어붙은 저수지'라고 부른다.

에베레스트산
세계에서 가장 높은 산봉우리로, 높이가 8844m에 이른다.

히말라야산맥

넨칭탕구라산

횡단산

중국은 산이 많은 나라로, 서고동저형의 삼단 지형(고원, 분지, 평원)이 나타난다.

- ▲ **4대 고원**: 티베트고원, 내몽골고원, 윈구이고원, 황투고원
- ■ **4대 분지**: 타림 분지, 준가얼 분지, 차이다무 분지, 쓰촨 분지
- ◆ **3대 평원**: 동북 평원, 화북 평원, 창강 중하류 평원

중국은 강줄기와 호수가 많으며, 세계에서 3번째로 긴 창강과 '어머니의 강'이라 부르는 황허강이 있다.
· **5대 담수호**: 포양호, 둥팅호, 타이호, 훙쩌호, 챠오호

중국의 지역

● **화중 지역**

화중 지역은 황허강 중하류와 창강 중류에 있으며, 지도에서 볼 수 있듯이 중국 한가운데에 있다. 지리적으로 특수한 위치에 있다 보니 예로부터 수륙 교통의 중심지이자 교차로가 되었다. 예전에는 화중 지역을 '중원'이라고 불렀고, 지금의 허난성, 후베이성, 후난성이 포함된다.

허난성은 중국 문명의 발상지로, 갑골문이 출토되기도 했으며, 후베이성에는 원시 삼림인 선눙자 숲뿐만 아니라 넓은 호수가 800여 개나 분포한다. 후난성의 악양루와 악록 서원은 예로부터 인재들의 발걸음이 끊이지 않는 곳이다.

● **서북 지역**

서북 지역은 중국 내륙 깊숙한 곳에 있는 곳으로, 산시성(陝西省), 간쑤성, 닝샤 후이족 자치구, 칭하이성, 신장 위구르 자치구와 내몽골 자치구의 서쪽 끝이 포함된다. 주로 산지, 고원, 분지 등 삼단 지형이 나타나며 강수량이 적어 가뭄이 심하다. 이러한 지형과 기후의 영향을 받아 동쪽에서 서쪽으로 가면서 초원, 사막이 순서대로 나타나고, 사막과 초원에서는 주로 관개 농업이나 목축업을 한다.

이 지역에는 실크 로드가 길게 뻗어 있고, 달콤한 멜론과 포도가 많이 생산된다. 뿐만 아니라 역사적 향기가 짙은 진시황릉과 막고굴이 있으며, 서북 스타일의 양고기와 각종 면 요리가 유명하다.

서북 지역
(산시성(陝西省), 간쑤성, 닝샤 후이족 자치구, 칭하이성, 신장 위구르 자치구, 내몽골 자치구)

서남 지역
(쓰촨성, 충칭시, 윈난성, 구이저우성, 티베트 자치구)

● **서남 지역**

서남 지역에는 세계에서 가장 높은 곳에 있는 티베트고원과 전형적인 카르스트 지형이 나타나는 윈난고원, 풍요로운 쓰촨 분지가 있어 중국의 7개 지역 중 해발 고도가 가장 높다. 높은 고도와 험준한 지형 덕분에 거울처럼 맑은 고원 호수와 급물살이 휘감아 흐르는 강줄기가 만들어졌다. 삼림, 광산, 동식물 등 자원이 매우 풍부하고 야크, 판다, 들창코원숭이 등 희귀 동물이 많다.

이 지역에는 쓰촨 요리와 샤브샤브 등 미식 문화로 유명한 쓰촨성과 충칭시, 소수 민족이 가장 많은 윈난성, 중국 최고의 황과수 폭포가 있는 구이저우성, 티베트족의 특징이 잘 남아 있는 티베트 자치구가 포함된다. 고원을 체험하고 희귀 동물도 만나고 싶다면, 아름다운 자연이 기다리고 있는 서남 지역에 반드시 가 보자.

● **화남 지역**

중국의 가장 남쪽에 있는 화남 지역에는 광둥성, 광시 좡족 자치구, 하이난성, 홍콩 특별 행정구와 마카오 특별 행정구가 포함된다. 이 지역은 대부분 열대 기후가 나타나서 사계절이 푸르고 고온 다습하며, 열대 동식물이 비교적 많이 분포한다. 광둥성은 신중국 성립 이후 가장 먼저 개방된 지역으로 경제가 발달했다. 광둥성 남부 해안에는 홍콩 특별 행정구와 마카오 특별 행정구가 인접해 있어 여행과 쇼핑을 즐기기에 좋다. 민족적인 특색을 가장 많이 지닌 광시 좡족 자치구의 도시 구이린은 최고의 경치로 유명하다.

하이난은 육지 면적은 좁은 편이지만, 서사 군도와 중사 군도, 난사 군도와 주변 해역도 관할하고 있어 이 영역까지 포함하면 하이난의 전체 면적이 200만 km²가 넘을 정도로 넓다.

- **동북 지역**

 '관동'이라고도 불리는 동북 지역은 산해관의 동쪽 지역으로, 헤이룽장성, 지린성, 랴오닝성 등 3성과 내몽골 자치구의 동쪽을 포함한다. 동북 지역은 생산물이 많은 편이며, 삼강 평야, 송연 평야, 요하 평야가 분포하고 있어 '옥야천리(끝없이 펼쳐진 기름진 들판)'라고 한다. 이 지역은 세계 3대 흑토 지역 중 하나로, 생산되는 쌀의 상품성이 매우 높다. 삼림 자원과 석탄 자원도 풍부하다.
 이곳을 개척한 사람들의 단결력과 풍부한 자원 덕분에 동북 지역은 비교적 일찍 개발되었으며, 중국 최초의 중공업 기지이다. 현재 겨울에는 눈썰매 여행, 여름에는 피서 명소가 되었다. 유럽 분위기의 헤이룽장성, 조선족의 정취가 물씬 풍기는 지린성, 청나라의 부흥기를 볼 수 있는 랴오닝성, 광활한 대초원이 있는 내몽골 자치구를 오롯이 느끼기 위해 수많은 사람이 동북 지역을 찾고 있다.

- **화북 지역**

 화북 지역은 베이징시, 톈진시, 허베이성, 산시성(山西省)과 내몽골 자치구의 정부 소재지를 포함해 중국 북부 산해관에 이른다. 이 지역은 하천 퇴적물로 이루어진 평야에서 밀이 많이 생산되어 밀가루를 이용한 음식을 주로 먹는다. 화북 지역은 석탄과 석유 자원이 풍부해 중국의 철강 및 석유 공업이 발달했다.
 역사가 긴 화북 지역은 명승고적이 많고, 인문 경관이 다양하다. 만리장성의 동쪽 끝인 산해관, 피서지로 유명한 피서산장, 세계에서 규모가 가장 큰 명청 시기의 고궁, 중국의 전통과 서양 양식이 어우러진 톈진웨이, 한족 문화의 특색을 살린 핑야오 고성 등이 있다.

- **화동 지역**

 화동 지역은 산둥성, 장쑤성, 안후이성, 저장성, 장시성, 푸젠성, 타이완성, 상하이시가 있는 곳으로, 국가 행정 기관이 가장 많이 분포한다. 평지와 구릉이 넓게 펼쳐져 있고, 4대 담수호(포양호, 타이호, 훙쩌호, 챠오호)와 4대 강(황허강, 화이허강, 창강, 첸탕강)이 있어 수자원이 풍부하며, 동식물과 광물 자원도 많다. 또한 중국에서 경제가 가장 발달한 지역으로, 교통이 매우 편리하다. 이뿐만 아니라 자연 경관이 매우 아름답고 도시 곳곳에 명승고적과 현대 건축물이 많으며, 산둥 요리와 화이양 요리 등 특색 있는 음식도 많다.

신화와 전설

신화와 전설은 옛사람들의 환상에서 나온 이야기로, 생동감이 넘치고 낭만적이며 재미있다. 또 그 속에는 옛사람들의 생각과 생활상이 담겨 있어 역사 연구와 풍속 연구에도 중요한 자료가 되고 있다.

남극선옹
장수와 건강을 지켜 주는 도교의 신선

태상노군
공인된 도교의 교주로, 최고로 추앙받는 도교 3대신. 노자는 태상노군의 18대 화신이다.

종규
사악한 귀신을 쫓아내는 신. 무쇠 탈을 쓰고 있으며, 귀밑에 꼬불꼬불한 털이 나 있다.

나타
이정의 셋째 아들로, '삼태자'라고 불린다. 법력이 뛰어나며, 삼두육비(3개의 머리와 6개의 팔)로 변신할 수 있다.

탁탑 이천왕
본명은 이정. 진당관에 사는 장군으로, 득도하여 하늘에 오른 뒤 천군의 장수로 지낸다. 오른손에 영롱보탑을 항상 들고 있어 '탁탑 이천왕'이라 불린다.

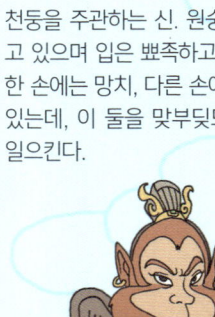

뇌공
천둥을 주관하는 신. 원숭이 얼굴을 하고 있으며 입은 뾰족하고, 날개가 있다. 한 손에는 망치, 다른 손에는 정을 들고 있는데, 이 둘을 맞부딪뜨려서 천둥을 일으킨다.

이랑신
본명은 양전. 이마에 세로로 눈이 있고, 무궁한 법력을 가졌다.

반고
중국에서 가장 오래된 신 중 하나로. 큰 도끼로 하늘과 땅을 가른다.

여와
중국의 창세 여신. 자신의 모습을 본떠 진흙으로 각양각색의 인간을 만들었으며, 나중에 하늘이 무너지자 오색 돌로 갈라진 하늘의 틈을 메웠다고 전해진다.

복희
중국의 첫 조상 중 하나. 점을 치고 팔괘를 만들었으며, 문자를 창조했다. 사람들에게 사냥과 낚시 등을 가르쳤고 혼인 제도도 만들었다. 뿐만 아니라 악기를 만들어 인간에게 음악을 알려 주었다.

침향
삼성모와 인간 사이에서 태어났다. 어머니인 삼성모가 화산 아래 갇히자, 침향은 어머니를 구출하기 위해 밤낮으로 수련했고 마침내 거대한 도끼로 화산을 가르고 온 가족이 만났다고 전해진다.

상아
전설적인 궁수인 후예의 아내. 영원히 늙지도 죽지도 않는 약을 먹어 신선이 되었으며, 달나라 광한궁에 산다고 한다.

축영대
양산백과 사랑에 빠졌으나, 가족의 반대로 헤어진다. 결국 사랑 때문에 목숨을 잃고 나비가 되었다고 한다.

백소정
1000년 동안 수행한 흰 뱀. 허선과 사랑에 빠져 부부가 되었으나, 법해승의 방해로 헤어진 뒤 뇌봉탑 아래 갇힌다. 그러나 하늘의 뜻을 얻어 낳은 아들이 장원 급제하여 뇌봉탑을 무너뜨리고 백소정을 구한다. 탑에서 나온 뒤 백소정은 신선이 되었다.

맹강녀
결혼하자마자 노역에 끌려간 남편이 장성 아래에서 죽자, 맹강녀는 그곳에서 열흘 밤낮을 통곡했다. 결국 장성이 무너지면서 죽은 남편의 시체를 찾게 되었고, 남편의 장례를 치른 뒤 바다에 몸을 던졌다.

직녀
베를 잘 짜 매일 하늘의 구름을 짜던 여신. 인간 견우와 서로 사랑했지만, 하늘의 계율을 어겨 하수 동쪽과 서쪽으로 떨어져 살게 되었다. 지금까지도 두 사람은 매년 음력 7월 7일에 까치가 만들어 준 다리를 건너야만 만날 수 있다고 전한다.

설을 쇠다
전설에 따르면 옛날에 섣달그믐만 되면 '야광귀'라는 귀신이 마을을 습격해 사람들을 잡아먹었다. 매년 이날이 되면 사람들은 온 가족을 불러 모아 야광귀를 쫓아내고 설을 쇠었다.

폭죽놀이
야광귀를 깜짝 놀라게 하려고 폭죽을 터뜨린다. 처음에는 대나무를 태워 소리를 내서 이름을 폭죽이라고 했으며, 나중에는 화약과 종이로 연달아 터뜨릴 수 있는 폭죽을 발명했다.

춘련 붙이기
사람들은 야광귀가 빨간색을 무서워한다고 생각해 빨간색 종이로 춘련(문이나 기둥에 붙이는 종이)을 만들어 야광귀를 쫓아냈다.

음력 1월 1일

한식
춘추 시대의 의로운 신하 개자추는 명예와 이익을 다투지 않고 면산에 숨어 살았다. 진 문공은 개자추를 밖으로 나오게 하기 위해 면산을 태웠으나, 개자추는 끝까지 나오지 않고 산속에서 타 죽었다. 훗날 개자추를 기리기 위해 청명절 2~3일 전에는 불을 쓰지 않고 식은 음식을 먹었는데, 이를 다른 말로 '한식'이라고 한다.

섣달 그믐

꽃등
꽃등 구경, 수수께끼 놀이는 정월 대보름에 행하는 특별한 풍속이다.

용두절
음력 2월 2일은 용두절이다. 이날은 '용이 머리를 든다'고 하여, 한 해의 행운을 기원하며 아이들의 머리를 깎는 풍속이 생겼다.

음력 2월 2일

단오절
전국 시대 초나라의 애국 시인 굴원은 국가의 중책을 맡아 활약했으나, 간신들의 모함 때문에 유배를 갔다. 유배지에서 초나라가 진나라에 함락되었다는 소식을 듣고 자신의 지조와 애국심을 보이기 위해 음력 5월 5일, 미뤄강에 스스로 몸을 던졌다. 후세 사람들은 이 날을 '단오절'이라 정하고 그의 충절을 기렸다.

음력 3월 7일

용선 경주
굴원이 미뤄강에 몸을 던진 후, 사람들은 그의 시신을 찾기 위해 애썼다. 후에 이것이 용의 모습을 따서 만든 배를 타고 시합하는 용선 경주로 발전했다.

청명절
조상의 묘를 찾아 성묘하는 날이다. 개자추가 죽은 다음 해에 진 문공이 면산에 올라 개자추를 위해 제사를 올렸는데, 그때 늙은 버드나무에서 새잎이 돋아난 것을 보고 '청명버드나무'라는 이름을 지었다. 그래서 한식 다음 날을 '청명절'이라고 한다.

음력 5월 5일

음력 3월 8일

중국의 민속

중국은 옛날부터 풍속과 전통을 중시했고, 그 전통이 지금까지 전해지고 있다. 각 명절의 특별한 풍속들은 생활 속에 자연스럽게 녹아들게 되었다.

십이지신
땅을 지키는 12명의 수호신을 상징하는 동물이다.

쥐 　 소 　 호랑이 　 토

세배
음력 섣달그믐을 잘 보내고 나면, 사람들은 친척과 친구를 찾아다니며 야광귀에게 잡아먹히지 않고 살아남은 것을 축하하며 덕담을 나누었다. 훗날 이 풍속이 발전하여 세배 문화로 자리 잡았다.

세뱃돈
세뱃돈은 사실 '악령을 누른다'는 뜻으로, 옛날부터 중국인들은 손윗사람에게 세뱃돈을 받으면 악령을 누르고 한 해를 평안히 보낼 수 있다고 믿었다.

설떡
새해가 지난해보다 더 나아지길 바라는 마음으로 설떡을 먹었다.

정월 대보름
정월 대보름은 새해에 처음으로 맞이하는 보름이다. 이날 사람들은 가족의 화목과 평안을 바라며 동그란 새알심을 넣은 보름 떡국을 먹는다.

음력 1월 15일

사자춤
중국의 전통 민간 예술

용춤
용은 중국인이 신성하게 여기는 상상의 동물이다. 옛사람들은 비가 오길 바라는 마음으로 용춤을 추었으나, 지금은 큰 명절에 즐기는 오락이 되었다.

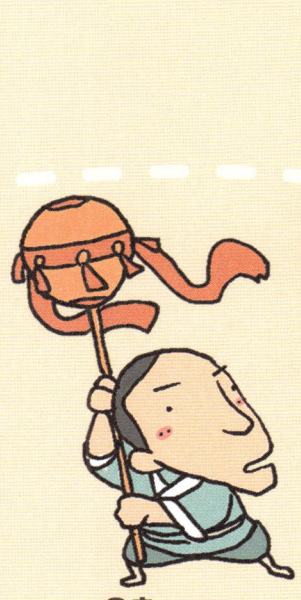

찹쌀 댓잎 밥
사람들은 굴원의 시신이 물고기 밥이 되지 않도록 쉬지 않고 쌀 등 여러 곡물을 강에 던졌다. 후에 사람들은 곡물 대신 찹쌀 댓잎 밥을 만들어 강에 던졌다.

중추절
가족과 이웃 간의 화목을 바라며, 중국의 명과 중 하나인 월병을 나누어 먹는 풍습이 있다.

음력 8월 15일

그믐 잡곡죽
매년 음력 12월 8일, 사람들은 풍년을 축하하기 위해, 각종 곡물로 죽을 쑤어 농사의 신에게 제사를 올렸다.

음력 12월 8일

중양절
옛날부터 매년 음력 9월 9일이 되면 전염병을 퍼뜨리는 악귀가 나타나 나쁜 짓을 한다고 전해졌다. 이날 사람들은 전염병으로부터 가족을 지키기 위해 대문에 산수유나무 가지를 꽂아 악귀를 쫓고, 가족 모두 집에서 나와 높은 산에 올랐다.

음력 9월 9일

| 용 | 뱀 | 말 | 양 | 원숭이 | 닭 | 개 | 돼지 |

중국의 성씨

《백 개의 성씨》라는 책이 있을 정도로 중국인들은 항상 성씨를 중요하게 생각한다. 그렇다면 성씨는 도대체 언제 만들어진 것일까? 또한 성씨의 역할은 무엇일까?

성과 씨의 구별

1 고대에는 성을 혈연관계를 구분하는 데 쓰거나, 혼인의 근거로 썼다. 그래서 같은 성을 가진 사람들끼리는 결혼할 수 없었다.

성씨의 탄생

1 성씨는 중국 문화에서 매우 중요하다. 그 역사 또한 무척 오래되었는데, 중국 성씨의 탄생은 어머니를 중심으로 하여 모여 살던 모계 씨족 사회까지 거슬러 올라간다.

2 하, 상, 주 시대에는 지위가 높은 사람에게만 씨가 있었다. 씨는 신분의 귀천을 나타냈다.

"상고 시기 희, 강, 사, 영, 운, 규, 요, 길 8개의 성에는 모두 '女'자가 있다!"

2 사람들은 가까운 친척 사이에 태어난 아이들에게서 질병이나 신체적 문제가 생기기 쉽다는 것을 알게 되었다. 이후 다른 성을 만들어 혈연관계를 구분하고, 같은 성을 가진 사람끼리는 아이를 낳지 않았다. 당시의 성을 보면 글자에 모두 '女'가 있는데, 이는 모계 씨족 사회의 특징이다.

"전에는 사마였으니 사마씨라 부르고, 지금은 사도이니 사도씨가 되는 것이다!"

3 성은 사람들에게 대대로 전해졌으며, 특별 상황이 아니라면 바뀌지 않았다. 하지만 씨는 영지, 관직 등 변화에 따라 바뀔 수 있었다.

"아버지의 성이 바로 나의 성이 되었다!"

3 오랜 시간이 흘러 남자들이 사회에서 주요한 역할을 맡으면서 아버지가 씨족의 핵심이 되었고, 자녀 역시 아버지의 성을 따르기 시작했다.

"나는 성이 희, 한원씨라고 하고, 얘는 내 손자야."
"나는 고양씨인데 성이 희가 아니니 우리는 한 집안은 아닌가 보다!"
"나도 성은 희이지만, 고양씨이다."

4 씨는 성의 분파여서 같은 성에서 다른 씨가 나올 수 있고, 다른 성에서도 같은 씨가 나올 수 있었다.

4 같은 조상에게서 태어난 자손들이 번성하자, 가족들은 각지로 흩어져 다른 분파를 형성하게 되었다. 분파를 구분하기 위해 원래 가지고 있던 성 외에 '씨'라는 또 하나의 호칭을 만들었다.

"성이 바로 씨이고, 성이다. 내 성은 왕씨이다."

5 나중에는 성과 씨의 구별이 점차 모호해졌고 한나라 때는 성과 씨가 하나로 합쳐졌다.

성을 만드는 방법

1
나라 이름이 성이 되기도 했는데, 춘추 전국 시대의 제, 노, 연, 조 등은 나중에 모두 성이 되었다.

2
땅의 이름이 성이 되기도 했다. 진나라 장군 순림보의 동생이 받은 땅의 이름이 '지(현재 산시성 융지)'여서, 후대 사람들의 성이 '지'가 되었다.

3
주지가 성이 되기도 했다. 황제는 희수 강변에 살아서 '희'가 성이 되었고, 염제는 강수 기슭에 살아서 '강'이 성이 되었다.

4
선대의 이름이 성이 되기도 했다. 주평왕의 아들의 자(원래 이름 대신 부르는 이름)가 '임개'여서, 후대 사람들의 성이 '임'이 되었다.

5
형제의 순서가 성이 되기도 했다. 고대에는 형제의 순서가 위에서부터 '맹(백)', '중', '숙', '계'였는데, 나중에 이 순서가 모두 성이 되었다.

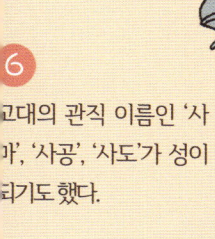

6
고대의 관직 이름인 '사마', '사공', '사도'가 성이 되기도 했다.

7
직업이 성이 되기도 했다. 무속인은 '무'라는 성을, 백정을 뜻하는 도부는 '도'라는 성을 갖기도 했다.

8
신성하게 여기는 자연물이 성이 되었는데, 화하족은 용을 신성하게 여겨 '용'이라는 성을 갖는 사람도 있었다.

성의 하사와 변화

1
고대 군주의 성은 국성으로 가장 존귀했다. 국가에 공헌한 사람을 표창하기 위해 군주가 성을 하사했고, 가끔 군주의 성을 하사하기도 했다.

2
황제의 뜻에 반하거나, 황제를 화나게 한 사람에게는 황제가 악성(의미가 나쁜 성)을 주기도 했다. 측천무후는 당 고종의 황후였던 황씨에게 '망'이라는 성을 하사했는데, 이는 '커다란 독사'라는 뜻이었다.

3
보통 성을 바꾸는 것은 재앙을 피하기 위한 것이다. 한신은 운이 좋지 않았던 시기에 아들이 남쪽으로 도망가자, 성을 '한(韓)'의 오른쪽 절반인 '위(韋)'로 바꿨다.

4
고대 제왕은 자신의 존엄을 지키기 위해 백성들이 자신의 이름과 같은 글자를 사용하지 못하게 했다. 우연히 같은 글자가 있으면 그 백성은 글자를 바꿔야 했으며, 성 역시 예외가 아니었다. 한 무제의 이름은 유철인데, 성이 '철'인 사람은 '통'으로 바꿔야 했다.

5
고대에 소수 민족과 한족의 대대적인 융합이 몇 차례 있었다. 남북조 시대에 처음으로 소수 민족이 한족에 통합되었으며, 성도 바뀌어 '독고', '모용' 같은 2글자 성이 생겨났다.

중국의 희귀 동물

지구는 인류의 보금자리이자 동물의 터전이다. 하지만 환경의 변화, 인위적 요인 때문에 지구에 살고 있는 희귀 동물의 수가 급격하게 줄었고, 그중 일부는 지구에서 사라졌다. 전 세계 사람들은 멸종 위기에 처한 동물들을 보호하기 위해 다양한 노력을 하고 있으며, 중국에서는 국가 중점 보호 목록을 만들어 희귀 동물을 보호하고 있다. 중국 각 지역에 어떤 희귀 동물이 살고 있는지 알아보자.

화이트야크
중국 및 세계 몇몇 지역에만 서식하는 반야생종으로, 중국에서는 간쑤성 우웨이가 유일한 서식지이다. 처음에는 야생 야크였는데, 점차 인간에게 길들여졌다. 온몸을 덮고 있는 순백의 털은 화이트야크의 가장 큰 특징이다.

스노우레오퍼드(눈표범)
세계적으로 인정받고 있는 가장 아름다운 고양잇과 동물로, 만년설산 부근에 서식하여 '설산의 왕'이라는 찬사를 받는다. 중국에는 톈산 등 고지대에 소수만 서식하고 있다.

북쪽의 사막 주변은 건조해서 수원이 부족하다. 그래서 사막에 서식하는 동물은 갈증을 해소하는 능력이 있어야 한다.

백순사슴
중국 티베트고원에만 서식하고 있으며 '노란엉덩이사슴' 또는 '편각사슴'이라고도 한다. 아주 오랜 옛날부터 살고 있어서 산지에서는 '신록'이라고 부른다.

야생 야크
가축으로 키우는 야크의 야생종으로, 티베트고원에서만 서식하는 특산종이며 추위에 매우 강한 동물이다. 티베트고원에서도 인적이 드문 고산 지역과 초원 등지에 주로 서식한다.

티베트 영양
티베트고원 중 해발 고도가 높아 기후 환경이 열악한 곳에 서식하여 '고원의 정령'이라는 찬사를 받는다. 암컷은 먼 길을 걸어서 커커시리(중국의 자연 보호 구역)에 도착한 뒤 새끼를 낳는다.

티베트 야생 당나귀
생김새는 노새와 비슷하지만, 꼬리가 말 꼬리와 비슷해서 현지에서는 '야생말'이라고도 부른다. 주로 티베트, 칭하이 등지에 분포하고 있다.

검은목두루미
높이가 2500~5000m인 고원 담수 습지에 서식하며, 고원에서 서식과 번식을 하는 유일한 학 품종이다. 티베트와 칭하이성, 간쑤성과 쓰촨성 북부 일대에 서식한다.

'세계의 지붕'이라고 불리는 티베트고원은 해발 고도가 높고 1년 내내 서늘해서, 이러한 환경에 적응할 수 있는 동물만 이곳에 살고 있다. 고원의 남쪽 가장자리에 있는 깊은 산속에는 진귀한 판다와 들창코원숭이가 모습을 숨기며 산다.

자바 진공작
몸집이 가장 큰 꿩과 조류로, 눈부시게 아름다운 깃털이 나 있다. 해발 2000m 이하의 산림 지대와 덤불숲에 서식하는데, 중국에는 쓰촨성 서부와 중부, 남부에서만 보일 정도로 소수만 남아 있고, 대부분 지역에서는 이미 자취를 감추었다.

구름반점표범
대형 고양잇과 동물 중에서 몸집이 비교적 작은 동물로, 몸 양쪽에 검은 테두리가 있는 반점이 여러 개 있어 붙은 이름이다. 굵고 긴 꼬리가 있고 나무를 잘 탄다. 주로 아시아 동남부에 분포하고 있으며, 중국에는 1000마리도 남아 있지 않다.

동북 호랑이

'별명'이 '시베리아 호랑이'인 동북 호랑이는 전 세계적으로 몸집이 가장 큰 고양잇과 동물로 '밀림의 왕'이라고 불린다. 야생 동북 호랑이는 아시아 동북쪽에 서식하고 있으며, 전 세계적으로 500마리만 남아 있다.

단정학(두루미)

단정학은 중국의 '국조'이자 전설에 등장하는 학이다. 현재 전 세계적으로 약 1500마리가 남아 있으며, 주로 중국 동북 지역에 서식하고 있다.

울버린

몸집이 가장 큰 육식 족제빗과 동물로, 몸 쪽에서 엉덩이까지 연노란색 초승달 무늬가 있어 '반달곰'이라고도 부른다. 북극 접경과 그 아래 지역에 서식하며, 중국에서는 다싱안링산맥 부근에서만 200마리 정도가 살고 있다.

내몽골고원은 오래전부터 여러 동물의 터전이었다. 살아남기 위해 언제든 빠르게 움직여야 하는 이곳의 동물들을 두고 사람들은 '바람처럼 빠른, 대단한 다리를 가졌다'고 말했다. 또한 몸집이 작은 동물들은 살아남기 위해 동굴을 파 몸을 숨기는 능력을 익혀야만 했다.

몽골 야생 당나귀

나귀처럼 생긴 모습을 보면 전형적인 사막 동물이다. 주로 해발 3000~5000m의 고원 지대에 서식하고 있다. 중국은 사라져 가는 몽골 야생 당나귀가 서식하고 있는 곳 중 하나이다.

흑담비

흑담비는 담빗과 동물 품종으로 아시아 북쪽 지역에 서식하고 있다. 중국의 흑담비는 주로 북동 지방과 신장 알타이 산지에 서식하고 있다.

중국 북쪽의 다싱안링산맥과 아얼산 지역은 겨울이 춥고 길다. 혹독한 추위를 견디기 위해 이곳에 사는 동물들의 몸에는 두툼한 털이 나 있으며, 겨울잠을 자거나 겨울을 나기 위해 미리 식량을 저장해 놓기도 한다.

광활한 북쪽 지역은 생태 환경이 다양해 동물의 종류도 많다. 산림 동물 중에는 빠르게 잘 달리는 초원 동물도 있고, 때가 되면 남쪽으로 떠났다가 돌아오는 철새도 있다.

레오퍼드(금전표범)

몸집이 호랑이와 비슷하며, 온 몸에 흑갈색 동전 모양의 얼룩 무늬가 있어 '꽃표범'이라고도 불린다. 중국의 레오퍼드는 화북 표범, 동북 표범, 화남 표범 등 3종류가 있다.

호사비오리

호사비오리는 제3기 빙하기 이후까지 살아남아 오늘날까지 1000년 이상을 살아온 동물이다. 남아 있는 호사비오리의 수가 양쯔강 악어보다 더 적어 국제적으로 멸종 위기에 처해 있다.

아기물고기

세계에 현존하는 가장 희귀한 양서류 동물로, 중국의 국가 보호 동물로 지정되었다. 학명은 '큰도롱뇽'이며, 울음소리가 아기 울음소리와 비슷해 '아기물고기'라고도 부른다.

창강은 티베트고원에서 발원하여 서쪽에서 동쪽으로 중국 중부를 가로지르며 흐르는 강으로, 강 유역의 면적이 매우 넓어 다양한 생태 환경을 자랑한다. 이곳에는 수많은 희귀 동물이 있는데, 아기물고기와 양쯔강 악어, 멸종 위기에 처한 흰돌고래 등이 대표적이다.

중화철갑상어

중화철갑상어는 백악기 때부터 지금까지 살아온 오래된 어류 중 하나이다. 중국 특산 품종으로, 현재 중국 창강 유역에만 분포하고 있으며 다른 강에서는 모두 자취를 감췄다.

...의 '국가 보물'로 지정된... 는 세계에서 가장 귀여운... 중 하나로, 창강 상류에... 높은 산과 깊은 골짜기... 식하고 있다. 현재 살아... 야생 판다는 전 세계적... 1600마리 정도이다.

허난 호랑이

'중국 호랑이'라고 불리며 중국에만 서식하고 있다. 현재 야생에서는 멸종되었고, 일부 동물원과 번식 연구소에서 인공 배양하고 있다.

양자강 악어

세계에서 몸집이 가장 작은 악어 중 하나로, 오랜 시간 동안 살아온 품종이다. 중국에는 여러 종류의 악어가 있는데, 이 악어는 주로 창강(양쯔강) 유역에 살고 있어 '양쯔강 악어'라고 부른다.

들창코원숭이

중국의 들창코원숭이는 황금들창코원숭이, 회색들창코원숭이, 검은들창코원숭이 등 3종류가 있는데 모두 중국 특산종이다. 주로 서남 지역 산림에 서식하는데, 판다 서식지와 거의 비슷하다.

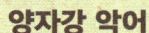

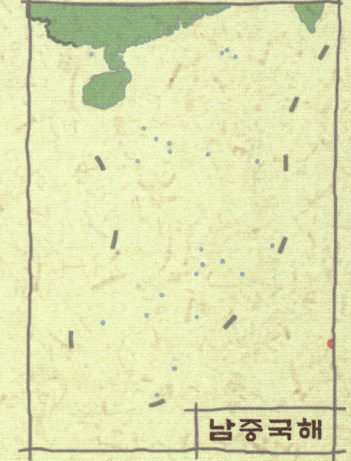

남중국해

중국 56개 민족